INVESTIMENTO:

ALONGAMENTO

Sérgio Medeiros nasceu em Bela Vista (MS). É professor de literatura na Universidade Federal de Santa Catarina. Publicou seu primeiro livro de poemas *Mais ou Menos do que Dois* (Iluminuras, 2001) e a coletânea *Makunaíma e Jurupari: Cosmogonias Amazônicas* (Perspectiva, 2002).

Sérgio Medeiros

ALONGAMENTO

(2004-2000)

Ateliê Editorial

Copyright © 2004 Sérgio Medeiros

Direitos reservados e protegidos pela Lei 9.610 de 19.02.1998.
É proibida a reprodução total ou parcial sem autorização,
por escrito, da editora.

Dados Internacionais de Catalogação na Publicação (CIP)
(Câmara Brasileira do Livro, SP, Brasil)

Medeiros, Sérgio
    Alongamento: (2004-2000) / Sérgio Medeiros. –
Cotia, SP: Ateliê Editorial, 2004.

    ISBN 85-7480-264-6

    1. Poesia brasileira I. Título.

04-8051   CDD-869.91

Índices para catálogo sistemático:
1. Poesia: Literatura brasileira   869.91

Direitos reservados à
ATELIÊ EDITORIAL
Rua Manoel Pereira Leite, 15
06709-280 – Granja Viana – Cotia – SP
Telefax: (11) 4612-9666
www.atelie.com.br
e-mail: atelie_editorial@uol.com.br

Printed in Brazil 2004
Foi feito depósito legal

Ti piaceva la vita fatta a pezzi,
quella che rompe dal suo insopportabile
ordito.

Eugenio Montale, *"Xenia II"*

[Gostavas da vida espedaçada,
a que rompe de seu insuportável
enredo.]

Tradução de Aurora Fornoni
Bernardini

Sumário

Prefácio 11

Apresentação 13

1. Alongamento (segunda versão) 19

2. Alongamento (primeira versão) 25
   O Cenário 27
   Antes do Alongamento 29
   O Alongamento 31

3. Kindergarten 55

4. Descritos 63
   Paisagens Imaginárias 65
   Descritos 69
   Contos Francos 85

5. O Passo do Macaco 87
   Casal de Doudos 89
   O Passo do Macaco 91

R-e-t-ó-r-i-c-a 97

O Buraco 113

As Costas de.................................... 123

PREFÁCIO

N A SUA DESORDEM INICIAL, os textos de "Alongamento" eram muitas canoas soltas numa baía expectante; com a ajuda da Dircinha, minha fiel colaboradora nesses assuntos, um arranjo se fez, as canoas se deslocaram finalmente na direção do Continente. Mas não chegaram imediatamente lá. Deram voltas na baía. Os olhos examinaram de longe a costa do Brasil. Os meus e os da minha arquiteta*.

Dircinha acompanhou também a feitura errante de "Kindergarten", escrito na Ilha de Santa Catarina, onde moramos, e em diferentes cidades que há pouco visitamos juntos: Belo Horizonte, Porto Alegre, São Paulo, Campo Grande e, na Argentina, Buenos Aires. Das impressões recolhidas fizemos uma "Disney-

---

* Preciso da minha arquiteta ao meu lado (minha terceira mão**, a quem *entrego* meus textos em desordem), pois creio que sigo, ao escrever, certo poeta português, cujo estilo "fluido, participando da música e da pintura", é "pouco arquitetural".
** A terceira mão já aparecia, furtivamente (como imagem do acaso, creio eu), no meu livro *Mais ou Menos do que Dois.*

lândia" só nossa, que imaginamos, alegre e monstruosa, encravada (digamos) no sertão. Assim, nossos olhos desbravaram afinal o Continente.

* * *

Eis a nossa andança pelo Continente, registrada nos textos "Descritos" e "O Passo do Macaco" (o meu único poema povoado de gentes).

"O Passo do Macaco" é o mais antigo dos dois: comecei a fazê-lo no Paraguai, em 2000. (Mas só o concluí tempos depois, em Florianópolis, de modo que boa parte do seu material é recente: a "dança folclórica", por exemplo, ou a "pantomima", a peça que mais aprecio.) "Descritos" veio logo depois, em 2001, quando me encontrava nos Estados Unidos, estudando e traduzindo para o português o *Popol Vuh* – foi lá que a Dircinha me pediu que escrevesse "breves descrições" da paisagem, algo que eu já tentara fazer no meu primeiro livro, *Mais ou Menos do que Dois*, de 2001. "Descritos" é mais obra dela do que minha.

* * *

Quero agradecer o apoio de dois amigos muito especiais, habitantes da fronteira Brasil-Paraguai: Douglas Diegues e Bernarda Acosta.

Cachoeira do Bom Jesus, 2004

Apresentação

COISAS ESTRANHAS ACONTECEM a todos nós – (a dica é de Herbert Gold, autor de *The Magic Will*) –, é só saber atinar com elas. A primeira é nascer, a última é morrer. Nesse meio tempo de milhões de anos, a partir de quando podemos ter sido esponjas ou gelatinosas criaturas marinhas, o Legado nos tem dado a História dentro da qual nós tecemos nossas pequenas histórias. Algumas delas tem o gosto do primordial, como essas com que Sérgio Medeiros nos envolve em seu "Alongamento", a primeira parte deste seu livro de mesmo nome, que vai sintomaticamente de 2004 a 2000. Outras, outras partes, são como as vanguardas ou as epígrafes, que se projetam no futuro e arrastam atrás de si pedaços de seu enredo passado.

"Alongamento" é o alongar-se de um dia, em muitas *mixagens* que se preparam num barco, verme-da-borda-de-uma-folha-escura, em úmidas estrias vermelhas de barro, pela costa-edredon, sob as mil dobras de uma cara de cão, até o barco afundar em si mesmo. Ali o alongamento ainda é o da noite pelo buraco da porta (retângulo em pé) e a luz gelatinosa escorren-do de cima para baixo. O alongamento prolonga-se por mais de muitas páginas agora cuidadosamente milimetradas ao acaso. A manhã clareia, sai-se da casa para a praia, agora a própria cor da água se estira e o arbusto se embrulha nele mesmo.As folhas levantam-se estremecidas nos galhos que terminam elétricos. O dia avança. A luz se atola na água. Uma folha minúscula se move no chão como uma pálpebra.

Não é verdade, Bruno?, sentimo-nos impelidos a perguntar de vez em quando, especialmente diante das delicadas hipóstases e sinestesias que emolduram o *nonsense* cheio de sentido de Sérgio, o tradutor de *Silvia e Bruno* de Lewis Carroll. Mas, de repente, eucaliptos violentos lincham o vento, o muro caído deixa o mar exposto, empoeira o ar ao redor no fim do dia, uma nuvem carrega a luz tardia e um saco de plástico ensaia o seu vôo (cheio de ar). Não fosse a mesa redonda que – no final surrealista – se ergue nas patas finas qual outra aranha: a luz fugindo, ficaríamos tentados a parar nesse saco de plástico e a nos perguntar, como o jovem compenetrado de *Beleza Ameri-cana* que o filmou, se apreender isso tudo não é o achado mais encantador nessa nossa vida em trânsito, *para onde mesmo, Bruno?*

Aurora Bernardini

"Palavras em liberdade." Depois de quase cem anos, o grito futuro-modernista hoje é recebido com mil precauções, suspei-tas, esconjuros. E com uma certa razão. De lá pra cá, muitos trataram de fazer escolas da liberdade, e os resultados nem sempre foram dos melhores. Passou-se então ao "retorno à ordem", ressuscitaram-se metros clássicos e formas fixas, *o que não é nenhum mal em si*, e lá se vão uns 50 anos. Desde então se sucederam neovanguardas, contra-vanguardas, poesia social, contracultura, todas filiadas a um determinado projeto. Agora há experiências poéticas de todo tipo, e a enorme variedade é diretamente proporcional ao generalizado descontentamento com as formas que ainda não são capazes de dizer o momento contemporâneo, local e extraterritorial, cotidiano e delirante, mais do que nunca solitário na multidão.

Este livro de Sérgio Medeiros retoma radicalmente o mote modernista das "palavras em liberdade", mas passa ao largo de manifestos e conceitos que possam definir ou fixar o sentido de suas experiências com a linguagem. Texto inclassificável, "Descritos" (precedido de "Paisagens Imaginárias" e seguido de "Contos Francos"), a segunda parte do livro *Alongamento*, se apropria de estéticas oriundas da música experimental, dos paradoxos de Carroll, dos limericks de Edward Lear, de imagens surrealistas, da poesia concreta, dos caligramas de Apollinaire. Tudo isso mantendo meia distância, sendo "mais ou menos" cada um desses registros – como queria seu livro anterior, *Mais ou Menos do que Dois*. A estratégia, me parece, é contornar as adesões plenas, os códigos fechados que terminam por liquidar poetas *in nuce*, diluindo possíveis sistemas em um ludismo que não teme o acaso e o arbitrário. Resultado: menos ironia sutil e mais humorismo anárquico. Com uma notação peculiaríssima, que lembra procedimentos da escrita musical e das equações matemáticas ("– rede de só dois fios: = :o ar incansável não se deita"), Medeiros recupera nestes "descritos" o gosto da materialidade sensível, ultimamente soterrada por conceptismos de vário gênero ou diluída na prosa pedestre, como um Giotto a redescobrir o esplendor dos volumes após séculos de cultura descarnada.

Nas "paisagens imaginárias", o autor não hesita em enveredar por um animismo exuberante, freqüentemente bizarro e sensual: "– a sombra friorenta veste meia negra na palmeira;/ outros caules se despem". Na paisagem quase destituída de figuras humanas, são os "elementos naturais", os objetos insignificantes e até a velha palmeira romântica que se congraçam na criação de neofábulas errantes.

Maurício Santana Dias

Na des-ordem do passo do macaco (a terceira e última parte deste livro) há de existir sempre o gozoso milagre do imprevisto. E é nessa seara e nessa messe que a inquietação de Sérgio Medeiros trabalha. O gosto pelo arbitrário e pela contínua errância do verbo rebelado (bem mais que "revelado" em sua textura de cão) compõe esta *opera* aberta para os acidentes da linguagem.

Assim como o anti-som a cavalo de uma música que, se resiste, subjaz e, se subjaz, sôfrega se espraia (ou se espelha?) na dança folclórica do casal de doudos, no réquiem por nada nem por ninguém frente a um andar inteiramente destruído, na retórica opereta carroll-beckettiana-aristotélica, num zôo de signos des-encontrados, no monólogo bailante do buraco ou no da mulher magra que, vil coincidência!, emite em agudos o que o eco lhe devolve de modo desconcertantemente grave e masculino.

Sérgio Medeiros não faz por menos – *alonga*, neste "O Passo do Macaco", o sentido primevo das palavras e as reinaugura, melhor que selvagens, doridas de sons e mais que ocultos sentidos.

Wilson Bueno

1. Alongamento
(segunda versão)

o barco cor de raiz desenterrada: úmidas estrias vermelhas
expostas

a costa: edredom embolado

arrasta-se o seco cordão de areia

a água desabotoa

um barco, peça solta

nuvens constituídas em nuvens

ondas de couro

a água não rasura as bóias (estão bem (acima do fluxo))

a

a pedra

degraus aos pedaços, espinhaço no chão = a costa entregue

descida como pálpebra, uma única tenda na praia

sob as muitas dobras duma cara de cão, a nuvem alimentada
não rosna

fora da cabeça, o bico farto

retas, já retalhos

luzes como lagartas despertas vêm mordiscando a folhagem

a água bate contra o til duro

a costa: pano frouxo: máscara

( )

farelos de ilhas param longe

a costa se lança como uma corda

o nevoeiro a custo retém a costa

barco, verme na borda duma folha escura

madeira mais quente

pouco encorpada – crespa –, a costa contorna nuvens espar-
ramadas

o lusco-fusco estacionado, acende um farol

a o oo o

a costa, varrida do Atlântico; a baía, quintal cercado: mais
nenhuma invasão de terra

como unha lixada, o barco afunda em si mesmo

d

2. Alongamento (primeira versão)

O Cenário

a baía
os morros
o navio
o windsurf
um helicóptero
folhas
vento e chuva
luz
a noite

Antes do Alongamento

Coberturas: duras e macias: entre elas, o pátio: quadrado azul escuro – e além, outros quadrados claros, brilhantes e pesados: a água escorre; – um tapete roto e seco de cimento no portão cerrado se estreita: a noite se alonga

As caras amassadas amanhecem tão novas e rubras que parecem de plástico: – umas flores amarfanhadas pelo vento; e outras que se protegem e não se esticam demais

Porta: (retângulo em pé): de vidro: se fecha; abre-se um buraco na paisagem – enche-se de luz; saída oval fresca envidraçada

A luz gelatinosa dentro da sua lata escorre dura de cima para baixo: uma sombra atrás do creme da porta, embaixo – relâmpago de roupas sem corpo (os cabelos se agitam conformados como um sorriso de deleite)

Como um (vê): V: um bicho longo, longo e preto, obscuramente vacila entre caminhos que se cruzam na parede (os azulejos não se bicam nem se beijam): inteiro, ele prossegue; porém então se curva

O Alongamento

N.B.: Prolonga-se por mais de muitas páginas

[1cm]

às 6

[1.900cm]

a luz
se solta
...
e coça
o cenho
franzido
do monte
(cego)

[1.477cm]

a luz
da manhã
tropeça
no morro
e incha

[1.108cm]

a cor
da água
(bem cedo)
se estira
menos que a praia
– ainda
cederá
mais

[6.309cm]

a baía
puxa a luminosidade
como uma coberta
que encolhe
na água
– não se agasalha
nunca
inteira

[104cm]

o arbusto se embrulha nele mesmo;
dois galhos soltos pendem do alto como barbantes
– à mão

[6.666cm]

na manhã
se clareando
a ilha
cobre-se
duma espuma
verde;
no fundo
a costa
bem raspada
exibe
sua pele azul
– um helicóptero
fosco
sobrevoa
as praias
sem colarinho

[82cm]

(o
travesseiro

onde
pousou
a
noite)
– um saco de cimento
onde
bate
forte
o sol

[17cm]

as folhas
nos galhos
quase se levantam,
estremecidas;
as do chão
permanecem
insensíveis:
a brisa
passa
por cima

[6cm]

os galhos
terminam elétricos
(folhas descabeladas)

– como chamas
dum fogão

[500cm]

no jardim
uma alcachofra fria:
a palmeira
encolhida
de dia

[1.000cm]

mais tarde
a luz
avança
como máquina
na
cabeleira
do arbusto
a aparar
obscuridades

[489cm]

a água…
…
sê alisa…
na areia
úmida

– como cabeleira
num pente
sem dentes

[276cm]

sob a superfície
lisa
da piscina
os degraus
criam ondas
imóveis

[16cm]

um buraco
no portão
de madeira
engarrafa
o mar:
vidro
de perfume
numa prateleira

[33cm]

montes
de areia:
queixos

com barba
rala

[444cm]

bigode postiço
grudado
no mar:
uma ilha
escura

[5cm]

planta
sem pêlos
– rabo
da calçada

[11cm]

os cílios
crescem
na ausência
dos olhos:
as palmas
pacíficas
não encaram
desafios

[4.000cm]

o mar espia
por cima
das pedras
– testa pálida,
franzida
às vezes

[3.000cm]

pássaros
sem
rumo:
a
miopia
é
pública

[2cm]

uma folha
minúscula
se move
no chão
como pálpebra
(as outras
aguardam
(como línguas

de fora)
a rajada
de vento)

[1.108cm]

a luz
se atola
na água
– os olhos
saltam
fatigados
((sobre
obstáculos))

[6.000cm]

quando o vento
sopra
no morro
a luz
se levanta
como um véu
de areia
e não assenta
mais

[12 ou 13cm]

um saco

de plástico
ensaia seu
vôo
(cheio
de ar)
– a alça
presa
num galho
rasteiro

[2.600cm]

punhados
de papel
picado:
as gaivotas
se lançam
nas praias

[503cm]

eucaliptos
violentos
lincham o vento;
depois,
o pó
se assenta

[539cm]

o vento sul

se contorce
como mangueira
jorrando certo
e inesperado

[106cm]

o reflexo
da escada esquelética
e brilhante
da piscina
– grande clipe –
prende a folhagem
no vento

[1.000cm]

o mesmo vento
deixa
na água
rastros
muito grandes
de patas leves e velozes:
paquidermes

[305cm]

contra o vento,

os pássaros
estacionados como adesivos
(embaixo,
a bicicleta
se equilibra
num fio
de areia)

[17cm]

unhas
arranhando
o espaço vago:
a borda
de uma
folha grande
irritada

[256cm]

a folhagem
retrocede
quando passa
ou volta o vento
– uma fera
insuflada

[100cm]

a água

de repente
volta
– um pé
sem
o calçado:
entra de novo
na espuma

[14.000cm]

a água
vem
como uma multidão
que se dispersa
na
praia
sempre
deserta

[1.237cm]

não se sabe
bem quem
viaja em pé
diante de uma porta
fechada:
o windsurf
na baía

à procura
de paredes de ar

[1.237cm]

faíscas
de uma regata
no mar liso:
bolhas
que não
estouram
– as velas
transparentes
deslizam
como num sabão

[5.544cm]

nuvens
escurecidas
passam diante
da luz
como diante
duma vitrina

[1.555cm]

como
primeiras

gotas
de chuva
as lanchas
branqueiam
a água
escura

[330cm]

a folhagem
agitada
tagarela
pingando saliva:
a chuva
a incita

[5.000cm]

as nuvens
se embolam
como panos
sujos

[998cm]

o céu
raspado,
em obras

[1.908cm]

enquanto braços
puxam a árvore
nervosa
para o chão,
a água atrás
se descasca
tranqüila
como a fruta
da estação

[28cm]

flores
se grudam
à folhagem
como lascas
de reboco rosado:
o começo
duma reforma

[7cm]

cai um peixe
como folha
perdida
num fundo

infiltrado
de cipós

[99cm]

folhas
langorosas,
uma taça
(de espuma
verde e amarela)
onde o sol
amarfalhado
se liquefaz

[61cm]

o vidro
borrifado
sob um trovão
tem ar
de pele
arrepiada

[1.114cm]

o windsurf
se finca
como faca
numa cebola
cortada;

é também
ponteiro
vermelho
sem rumo
num relógio
alvoroçado

[123cm]

a água
inventa
na areia
(para uso
próprio)
uma bandeja
de umidade:
nunca escorre
para fora
dela
...

[28cm]

arrancado
como um rótulo
de garrafa
o muro caído
deixa o mar
exposto

[2.222cm]

aberto
no chão,
o morro molhado

[12cm]

um garoto
na areia
(o mar, boné verde
voando para trás)

[22cm]

o cachorro
pára
como um bezerro
diante
da água
esbranquiçada

[1.000cm]

dente
solto
numa
língua
muda,

o navio
estrangeiro
nada
vagaroso

[777cm]

o hálito
da luz
da tarde
(seco)
se encurta
sempre mais

[8,5cm]

dentro
do pote
iluminado
a sombra
desce
feito tábua
– andaime
recolhido

[3.990cm]

no fim
do dia

a luz
simula
demolir
montanhas:
empoeira
o ar
ao redor

[2.989cm]

o morro
colide
com a luz
repleta
de manchas
escuras

[1.001cm]

como um caminho
empoeirado
a luz
desce
descarregando
o pôr-do-sol
retido
nas nuvens
grossas

[2.001cm]

uma nuvem
– firme como prancha –
carrega
a luz tardia

[81cm]

a água
se abre como um plástico
fino
na areia
úmida:
encapa
o último
reflexo
do dia

[2.777cm]

as mangueiras
dos raios
se esvaziam
logo
sem encher
a noite

[1.202cm]

o luar

se refestela
no mar,
mas a lua
se
recolhe
na
piscina

[490cm]

uma piscina
esvaziada
à noite;
as cadeiras brancas
crescem
nas bordas
como aranhas
gigantes mas serenas
– um brilho
efervecente
sobrevive
intacto no fundo
como teia
no vento

[321cm]

a mesa redonda
se ergue nas patas

finas qual outra aranha:
a luz
fugindo,
a sombra
espalha
uma nublada teia

[3.322cm]

da janela
[grossa
malha
de náilon]
a baía
é alta
mercadoria

N.B.: Prolonga-se por mais uma página

3. KINDERGARTEN

UM MUNICÍPIO NO INTERIOR DO BRASIL

1. QUE SE QUEREM
Galhos flutuam eretos em meio a folhas que se querem ocultar
Uma sombra cai nos galhos empapando a folhagem cheia de
frio
(O pinheiro à beira da estrada parece saltar uma lombada)
Folhas na janela como luvas de boxe
A árvore cresce abrindo entre os galhos mais espaço

2. LIVRE
No extremo de um prédio, como uma foca, a palma livre no
seu pote
Dois cavalos finos na calçada (a cauda na rua)

3. TODOS OS LADOS
Os galhos correm para todos os lados; acima deles, as folhas
se mantêm unidas
A árvore se inclina sobre outra – desde que brotou

O tronco bifurcado se torce, mas as folhas estão bem mais embaraçadas

(Palmas: a cor da pequena hortelã se agiganta)

4. SUAS IMPRESSÕES

O garoto chuta e abraça um polegar grande – manchado de preto e vermelho: suas impressões digitais se apagam no ar

5. UM RIO (IMÓVEL)

Duas bolsas de água: o que se vê – de um rio (imóvel) num dia morno

(Seqüência de prédios como traços numerados num termômetro: dentro de um aquário enevoado)

6. UM OU OUTRO FIO

Um poste se contorce para equilibrar duas lâmpadas

Um ou outro fio caminha

Como uma lona, a avenida se eleva

Um prédio sai dele mesmo, dobrando o concreto

7. SE QUEBRA: COMO REFLEXO

Na rua, a faixa branca se quebra: como reflexo da parede fronteira – carcomida por janelas abertas

8. PARA OS SEUS

Os faróis seguem espremendo a noite para os seus recantos mais obscuros

Calçada: o caule sujo rejeita o fio dental (do poste) estendido para ele

9. D'

Uma caixa d'água antiga: parece de talco – poeira guardada
A cidade emerge com janelas que são escadas – a manhã está
atrás, noutra atmosfera
Luz única grudada no vidro da janela; outra, além: fezes de
pássaros ondulantes

A água em paz se impõe à cidade como uma pá – os prédios:
folhas eriçadas varridas dum quintal
Uma poeira se curva como um coador pesado
As paredes iluminadas aspiram a tinta – colorida de novo
Elevação mais baixa do que os pássaros escuros: nuvem pe-
trificada no chão – chuveiros ligados nos banheiros

O garoto carrega – bem maior do que ele – a curva cutícula
de um dedo gigante

Palmeiras cobertas de transparências (brilhantes pedaços de
durex) – a luz do inverno
(Certa palmeira aguarda no estômago do lusco-fusco: soli-
tária: longa)

A névoa se passa como lixa nos prédios – todos polidos em
grande silêncio
Numa panela com névoa, o rio amorna

O garoto (quase) se senta numa bromélia sem dobrar as pernas

Um olho vacilante no meio da rua: a lâmpada se agarra a
dois cílios longos

A janela fechada faz bico: um pêlo verde pende como baba confortável

Queixo saliente – a sacada segura a cara achatada do prédio

Uma cabeça de pomba se move incerta acima das sobrancelhas do edifício – como nuvem que passasse mal

Um pescoço afastado, a entrada do prédio ergue no ar a barbicha de ferro

(Um capacete esquecido: a cúpula imutável sob a lua enevoada)

Segurando galhos finos, o garoto, chacoalha as folhas altas: formigas caem no chão enquanto flutua o barulho da chuva

Uma janela se oculta atrás de um vestido de folhas: bailarina elevada sobre a poluição

A porta fechada como pernas de calças: bordadas: efeitos de ferro dourado

A janela grande de vidro achata a porta de ferro na parede amarelada – balança-se o cimento em volta

Com seu capacete quase careca, a cúpula do prédio deixa sua dentadura baixa avançar sobre a esquina

Dois nus sobre a porta do edifício: prontos para entrar

Nos prédios que são como bules cheios de chá, as tampas têm olhos que vigiam as esquinas

Como se borbulhasse, o ferro se assenta na parede e agrega aros de guarda-chuva às gotas graúdas

Mulheres passam com casacos na cabeça: uns cogumelos florescendo escuros

A mulher na garoa caminha encolhida – como repreendida por seu guarda-chuva de cabo curto

(Gorda luz fechada na sua capa transparente: o farol do veículo circula na chuva que não despista)

Um óculo se ergue ainda mais alto na testa de um céu claro; o rosto sem olhos da tarde

P.S.

Uma lâmpada acesa de dia: murcha como um balão sem o sopro alentador do escuro

4. Descritos
PRECEDIDO DE *PAISAGENS IMAGINÁRIAS*
E SEGUIDO DE *CONTOS FRANCOS*

Paisagens Imaginárias
dum jardineiro doudo

Para o meu filho Bruno Napoleão

* – Cinco caules pontiagudos desalinhados no aguaceiro, visíveis – bem vestidos de mobilidade úmida; um pássaro sem par no alto grita, suado – secura na garganta *********

** – na floresta de palmas baixas erguem-se as pernas gigantes das palmeiras adultas saindo do ninho
****

*** – rastros negros de grandes pés de aves abertos no gramado: onde se põem as canelas depenadas das palmeiras
****

**** – palmas simples largadas na mais alta extremidade: seguidas de longe por ouriços verdes que se agarram a meia altura no tronco fino
****

***** – no caule alto da palmeira, imensa barata verde; noutro, uma aranha de enormes pernas emaranhadas: talos novos, brotos velhos ((sob as tiras penteadas e despenteadas)) como espinhos peludos ***

****** – a velharia da palmeira roça o seu tronco murcho: uns brincos secos e sonoros – as folhas velhas: lançadas: que não caem ***

******* – a vela afiada do laser entra na palmeira e sai sem corte: perante a careca nua do morro: cabisbaixa: ensimesmada na água cheia **************

******** – as palmas estraçalhadas se dirigem para o vidro (da janela) sem tocá-lo: pausas no ar, os braços longos e duros, deformados, são pacíficos e verdes; ou, secos e pálidos, o braço e a palma caem como esqueleto de bruços**********************

********* – narizes secos no chão com grande cílio = pedaços da tormenta sob as palmeiras (agora) sem face*************

********** – a palma se inclina no sol como uma cara ausente: seus fios soltos caídos não se embaraçam na oval vazia ***

*********** – os cachos cheios cospem de cima seus farelos: que se acumulam nas lajotas como vômito seco – a palmeira se expõe de alto a baixo *********************

************ – como se quisesse beber água: a folha seca e esquálida da palmeira deita-se de costas na beira da piscina com todas as patas finas para cima – jocosa ou ainda bebê ***

************ – a palmeira verde lança sua sombra: no gramado: como enorme tartaruga que nadasse imóvel no fundo viscoso duma água clara **************************************

************* – o vento esqueceu de molho na água pálida a sombra da palmeira – bem imóvel ************************

************** – folhas se afogam no vento impacientes – palmeiras em pé na corrente *********************************

************** – a sombra da palmeira passa e volta solta na piscina como um ponteiro avariado de relógio – tarde da noite ***

************** – como grandes cabeças moles de vacas mansas as palmas se roçam no vento ************************

*************** – a sombra friorenta veste meia negra na palmeira; outros caules se despem, cinzentos, algo pálidos **

*************** – a palmeira de ombros estreitos solta sua pele de raposa: o rabo da folha escura pousa no gramado ***

******************* – uma cicatriz no caminho de pedras costuradas: – a folha seca da palmeira —; ali se move o flexível jardineiro: (operação plástica) *********************************

********************* – uma cicatriz – a folha seca da palmeira – no caminho de pedras – costuradas: dali se remove (operação plástica): o flexível jardineiro ***************************

********************* – já lavado pelo aguaceiro da tarde: o céu limpo é um muro descascado – cheio de feridas secas, sem casca; as cicatrizes do ar: – palmeiras negras do jardim ************

Descritos

Para a Dircinha

Não escrevi sozinho estes descritos...

SONORO

– O Atlântico: novo traço de comprido – nele se vai com pouco vento; o som molhado se arrasta, se debate nos ouvidos

PACIENTES

–

–

– palidez de vulcão ex/\tinto – um morro vago /num vapor\ (que não é seu)

– verrugas-d'água-se-grudam-na-vidraça; fora toda a folhagem se contorce em ânsias – gravidade: o vômito rodopia: meiodia enjoado

– bolha (na pele) cinza azulada: leve e imensa: longa: sobre a
ilha – uma concha velha; barcas vazias: brancas: escuras

ABUNDANTES

– do verde límpido: ao verde desmaiado – desbotamento: +
o que es/córre (+ o que se sol/ta: à superfície); + o que parece
emergir (vindo escuro) – patas, rastros: de repente brilhantes =
milhares – (corpos zanzam) n'água: /// corpos desaparecidos //
/: deixando marcados pés que correm: sem donos

– riscos sólidos: vivos; para os lados, entrecruzados, \/; fun-
do (pouco) escuro, folhagem; //\ – de longe sobem: o (g)avião;
o rumor do mar; adiante, afunda-se: num caminho só/brio – e
numa curva volta-se /para mirar\: claridade e clareira, novas:
limpeza – (a lumin:osidade poda os traços)

DRINK

– nuvens obturadas sugam: o colorido: – desidratam a baía

PRÉ-HISTÓRICOS

– o holofote espreita da folhagem alta: – (-) – olho grande
de bigodes incandescentes

– resto pacífico da tormenta: osso de vapor (de um monstro
extinto(na vidraça

70

PRESSENTIMENTOS

– círculos entrelaçados (acima do rumor do chão); e abertos: ferro, concreto, ar; imobilidade, recanto mudo

– palidez bar/ulhe/nta ?; ?; ???; apenas espaço seco: um fundo (invisível) úmido; algo flutua (comprido)

CONSTRUÇÃO

– a chuva cai atrás da ilhota COMO UMA PÁ: a terra dura é removida da paisagem habitual

DESLIZES

– automóveis – (como) – peixes vivos – fora d'água: (numa (rede)); barcos imóveis... como... pedras...: mo/nu/men/tos numa (areia movediça)

– coisas entulhadas contra a luz: cada vez mais clara; nuvens chegam mais vagarosas que os automóveis – se desentulham: a luz (se) parte

DESCOSTURADOS

– fios d'água se desenrolam /:/ descem rapidamente: despese um raio – clara noite chuvosa na beirada da lagoa

– longos ~ fios ~ soltos: (gramado intacto) sob ~ as ~ borrachas ~ ociosas ~

NERVOSOS

– folhas duras – de um arbusto que cabeceia – : pequeno inseto grampeado num fio longo

– vento de rastos: as hastes se mexem como filhotes soltos no cascalho: as cabeças verdes se chocam violentamente – e inteiras, param eretas

ESPACIAIS

– quatro cadeiras brancas (debruçadas numa mesa oval) – cápsula lunar: na noite que esfria

– disco-voador envidraçado: em repouso: repleto de amostras grátis

PEDESTRES

– cano-a: II (pés) dentro dela {{...}} I fora – anda-se

– pente n'água: ponte para pés que sobem no mar penteado, liso

FOCOS

– laboratório antigo: numa vitrina: (caixas):)lentes(: \espelhos/: inversões, sombras, imagens – olhos ausentes

– falsos: fun-dos: de: gar-ra-fa – argolas (um oco) desnor-
teiam os olhos que observam: in-se-tos subin/do (do jardim),
insetos patinando no bafo quente – (frituras levianas?)

FURTADOS

– (1)
o verde do morro azulado – gengivas para dentes dourados
= que a noite escurece: ~ riso rápido ~

         (Do livro ..., inédito)
– [2]
\\\
\\\
\\\
\\\\\\\\

         (Do livro ..., inédito)

MATERNAIS

– abaixo das sardas ““soltas”” (conchas), mamas de uma onda

– compridas pálpebras fechadas de bebê – polpa aguada de
melancia (seis da manhã): clarão desperto

SOLITÁRIO

– rede de só dois fios: = : o ar incansável não se deita

LIGADOS

– o sol /cai//: na tv escura: – lança a imagem clara ---- na parede a... trás dela (rápido final: do dia)

– atrás da tela de arame: o dorso estremecido do cavalo: (tv trêmula): impaciente ele soca a terra – sem disparar

ABERTO

– : ~ / ... / ~

TINTOS

          (es)
– marrom: cor   correndo na própria cor – a água chega no pó:

                    zás
água parada: água descendo   : debate(-se)

                          ((( )))
         \\\\\   aéreos
– a água estica   os tubérculos   inchados:
    que
reflexos   mergulham \\\\\\\\\\\\\\\\\\\\\\\\\\\\\\
– ou escorrem como tinta diluída

SURREAL

– o macarrão das formigas da praia: as entranhas expostas
de uma bola: – velho planeta achatado nos pólos

OUTRO PACIENTE

–

ACIDENTADOS

– flechas verdes; (en((ter(((ra)))das))) num crânio: ca/be//
lei///ra grisalha esparsa – espalhada pela espinha vestida num
pote grande de bro))mél(ias

– luz enfaixada: //; manhã estremecida: //// a brisa descola as
barras moles – elas vêm e vão: // //: /(mumificação)/

GRUPO ETÁRIO

               de menino   . transparentes)
– pernas brilhantes   : ((botas d'água)   : meias
de pele   – sola viva: (o mar)
       molhada

DIGESTIVOS

– nuvens descem juntas: ta:tu:ra:na branca sobre o morro;
cabeça faminta ou sonolenta, corpo longo: e re-pou-sa-do

– barrigas longas: perfuradas: se acumulando no céu: e ron-
cando: ventre e vento:

TEATRAL

– vapor melado – espalhado na tarde – se acumula nas len-
tes escuras: crepúsculo do olho sob o sol

BRUTAIS

– galhos (enlaçados); cor/ brusca/; verde duro (– o sol não
derrete/amolece –) se arrasta: a folhagem carnívora

– árvore socada: (inseto seco): contra a cor ar-dente; fim: do
dia: vermelho denso: ...coagu...la...do

MARGENS

 – folhas pi\co/ta\da/s: : se a\mas/sam – como engo-
madas; as mais al/tas: se: er:guem: na: has:te: ex:tre:ma –   gotas
batem numas, escorrem noutras: u-me-de-cimento:

– papel \ ou\ cartão embebido atrás: não murcha// – adiante
papel \ ou\ cartão amarfanhado: céu esticado e monte { enruga-
do: a paisagem

SURPRESA

– : a claridade (estreita & longa)* é a maior nave já avistada:
– ancorada na chuva fina

MÓBILES

– ((/)): à frente um poste (no seco); atrás um cômodo (no úmido); os dois soltos – não se movem: o chão agarra\ a água retém o ba-lan-ço

– folha seca: /âncora\ – corrida pelo vento: toca no piso (a música áspera); entre um pulo e outro se fixa na: sombra do muro

– o reflexo na casca de plástico que o vento estica sem partir:
– varanda (iluminada) de clara de ovo: trêmula

PRECIPITAÇÕES

– (sob a ameaça de um raio): cha~coalha o fun/do: !

– pequenos relâmpagos: (fecham as asas) – pássaros se alimentam no chão

PASSAGEIRO

– a echarpe desdobrada, enrolada

* Variação: "delgada e comprida".

SUPERFICIAL

– : um vôo rasgado – sem pedaços – some trêmulo

PASSADOS

– ((vento)): – mormaço – : lembrança de aranhas roxas saltando = flor murcha; ou baratas louras paradas = ; tudo se agita e cai atrás do cimento e do ferro

– vivas cores acesas; vindas de vitrinas d'outra época: subitamente, adiante, o epicentro morto, vazio, quase escuro de um movimento: na memória

MÍOPES

– uma mancha seca na lente: persiste; tiram-se os óculos do rosto: outras proliferam no ar

– espelho: uma mancha úmida: gotas; esfrega-se nele a mão: – visão emoldurada em vapor

DESCRENTE

MÍSTICO

– corrente de táxis apagados; uma motocicleta passa dentro de uma auréola – a rua fria da igreja

BICHOS

– mancha ve/lo/z e estri/dente

– pedra/ com/ entranhas/ de/ fora/

EXPLOSIVOS

– calos grandes e brancos na fuselagem;;;; linhas retas no chão: pouso (em câmara lenta); partida (abrupta) ///: mormaço sujo

– /muros/: no fundo [o mar] – num [tubo] de [ensaio]: um azul forte – cabeças humanas (às vezes) (a)parecem de molho

COBERTOS

– árvores próximas...; – erguem-se ao redor; além, manchas brancas; chuva seca/ chuva imóvel/ /; cortinado

– : mil ovos de chuva: suspensos...........( ).................no vi-dro transparente; milhares escorrem na vertical,: enquanto.: atrás: folhas e galhos: apenas: se mexem e voltam ao seu lugar

ENTROSADOS

– um bando (de) líquido :: espumoso :: circula raso: em cír-culos: es-cor-re; a água vem: subindo: de súbito: joga-se: se in-cre-men-ta: de novo

– a água fina vem cavando: desenhos de asas abertas na areia; a água volta, engrossando: penas brancas azuladas dos pássaros; tudo se junta estrondosamente

COMEMORATIVO

– diante da paisagem descolorida: caramelo líquido numa só taça – festa cinza sem balão

SECO

– de manhã dois fios de sombra na areia branca: o longo rastro do escuro que se foi (como um veículo)...

ESFIAPADO

– fio – louro – quase – pó —: se/ retrai/ sobre/ a/ água: – longuíssimo trem: desloca-se: sem: sair: do: lugar: (.) – parte-se

PARTITURAS

– [solados ainda pegajosos se descolam do
[assoalho novo
[como recém-nascidos
[
[(caminha-se em círculos num quarto vago no escuro)
[
[= = ., / .; – \ .; / .; – .

– [a gata se bota em saco transparente:
[ovário
[
[(súbito crepitar; plástico duro e seco)
[
[O ///// – – – –

– [portas ar/re/ben/ta/das: violentamente:
[ondas reles de foguetes no céu;
[mar esbranquiçado cheio,
[cobrindo o espelho
[
[(o som se perdeu)
[
[~ o ~ o ~

SENTIDOS

– olhos menos (úmidos) que o mundo: /chuva/; vidraça menos [velada] que o mar: (((poeira fria caindo)))

– mal consigo ver: ouço – a areia úmida

BEBIDA

– círculos altos sobrepostos (sobre o ovo achatado como uma folha): contêm escuridão e uma faixa perfeita de: bolhas cheias:

EFEITO

– A (/sombra\) da pal/mei/ra: alga imensa (na água clara)

CONSTRUÇÃO (II)

– neblina: tinta fresca sem aviso

ILHÉU

– [fumaça azul como uma bolha – fogo num cômodo; costa
[confortável do Sul:
[...
[chinelo calçado de areia – na saliva: como um selo na praia
[breve
[...
[frio: céu coberto: areia suada – o ar se exercita sem esforço

DESOLADOS

– num lado, cesto com embrulho; copo com chama; óvulo
vazio vizinho ao cotovelo ////

– escamas: de: peixe: morto:/ como pingos de vela no piso
ao lado [do mar]; uma jarra derramada

ORLA

– o vento: empurra: para cima: da ilhota: o arvoredo:
(e)mar(anhado): paisagem em pé – à espera

ESBOÇOS

– coador: de pano: <u>suspenso</u>: uma **nuvem** cheia: – pin*gam* clarões no morro/na mata

– frestas magras: a cortina entreaberta **mas**tiga a folh**agem** úmida –

– uma cor jovem como um filhote: a folha fresca sobe nas outras

RECICLADO

– o pé pisando a praia afugenta caranguejos; pára surpreso: os próprios rastros fixos na areia

RECALCADO

– chuvinha: borrando, borrifando d'água a água descosturada na praia

HORIZONTES

– a nuvem caminha com patas de inseto e barriga negra de paquiderme;

– outra nuvem passa como carcaça rolando no pasto;

– uma terceira vem aberta como arraia de olhos velados ou vagos;

– uma outra vem como o escuro que se lança fora de um balde cheio;

– outra já passou arrastando seu rabo depenado de frango ou pato adoentado;

– a nuvem passa fixa como bicho de uma pelúcia áspera e rala;

– vê-se então uma mancha velha de lagarto (ou escorpião) no miolo da nuvem;

– a nuvem que mais se alça também se esfarela como coisa pisoteada uma vez;

– o corpo da rã se borra como tinta enquanto as patas traseiras persistem na nuvem como duas veias cheias;

– um homenzinho de papel que o sol queimou se embrulha na própria nuvem de cinza;

– uma nuvem se recolhe como tecido manchado: – seus fios passaram no sol;

– como um pé de galinha ciscando a areia a claridade raspa e clareia a nuvem;

– ...

CONTOS FRANCOS

1. O OLHO MASCULINO
    OU
    TOULOUSE-LAUTREC
    (Fragmento)

— o vaso transparente é uma saia com outro vaso dentro como uma coxa para cima: as unhas vermelhas se expõem altas: — nos seus pés etéreos

— da folhagem mista: como água agitada por corpos ágeis: emergem 2 (dois) braços de flores vermelhas

— no sol ardente: uma das folhas parece retirar-se: de um pote de melado: densa cor que não pinga no verde das outras

2. O QUE SOBROU

– o reflexo do muro com mar
moído por cima abre um rombo no pátio: ladrão que a pa-
rede de vidro introduz generosamente

– a sombra passa

sem marcar as folhas cegas: vôo alto

5. O Passo do Macaco

Casal de Doudos
dança folclórica

– fatias firmes de água se esfregam num ralador de areia: a maré ferve mais caudalosa (148)

– os olhos não pousam nem repousam em nada – são vistos nus pela paisagem que os holofotes estimulam (122)

– a água se (con) ~
torce, ~
se dobra ~
– e não passa: ~
a água se (con) ~
torce, ~
se dobra etc. ~ (01)

– A barriga vira de costas no corpo: paira, dispensa as pernas que a erguem = voa, o corpo pára ou vai sozinho atrás (05)

– a folha seca gira como charuto na boca larga do vento rasteiro (155)

– os grãos luminosos rodam na baía como numa peneira – soçobram no centro, poucos e inteiros (156)

– a bolha gira – o vento a faz escorrer, a borda a recolhe: uma poltrona vaga num corredor de água (31)

– o homenzinho avança de saia longa – zanza: alonga um terceiro pé mecânico que apara a grama – a máquina alisa o solado no tablado natural (63)

O Passo do Macaco
RÉQUIEM POR UM ANDAR INTEIRAMENTE DESTRUÍDO

1. PRELÚDIO

CENÁRIO: um prédio de quatro andares, ao lado de um campo-santo:

Uma bandeira lenta (no topo)

4°.

3°.

2°.

1°.

No primeiro andar: barítono e coro; no segundo: mezzosoprano; no terceiro: barítono (voz gravada); no quarto: mezzosoprano e barítono (vozes gravadas)

BARÍTONO: – Não encontro meu andar

CORO: – Nem nós

MEZZOSOPRANO: – Nem eu

BARÍTONO: – Não encontro meu andar

MEZZOSOPRANO E BARÍTONO: – Nem nós

2. ARIOSO

CENÁRIO: ossos empilhados (representando as entranhas de um campo-santo):

```
///                              ///////////////////////////
\\\\\\\\\\\\\\\\\\\\\\\\\\\\\\\\\\\\\\\\\\\\\\\\\\\V///////////////
////////////////\\\\\\\\\\\\\\\\\\\\\\\\\V//\\\\\\\\\\\\\V///////////////
/\\\\\\\\\\\\V////////////////////////////////T///////////////
\\\\\\\\\\\\\\\\\\\\\\\\\\\\\\\\\\\\\\\\\\\\\\\\\\\\\\\\\V/
//////////////////////////\\\\\\\\\\\\\V////////////////////
\\\\\\\\\\\\\\\\\\\\\\\\\\\\\\\V////////////////////
\\\\\\\\\\\\\\\\\\\\\\\\\\\\\\\\\\\\\\\\\\\\\\\\V///////////////
//////////////////////////////////////\\\\\\\\\\\\\V///////////
\\\\\\\\\\\\\\\\\\\\\\\\\\\\\\\\\\\\\\\\\\\\\\\\\\\\\\\\\\V
////////////\\\\\\\\\\\\\\\\\\\\\\\\\\\\\\\\\\\\\\\\\\\
```

Dentro das sepulturas: membros do coro; do lado de fora, passeando entre os túmulos: mezzosoprano e barítono

MEZZOSOPRANO: (imita o som de ossos desarticulados)

\\\\\\\\\\\\\\\\\\\\\\\\\\\\\\
\\

//

BARÍTONO: (lendo fragmentos de inscrições nas lápides)

    F D T P
              D B – (N É
     N, T S
     C)

MEZZOSOPRANO E BARÍTONO: (imitando o som de ossos secos se deslocando no espaço largo das sepulturas):

\\

///
\\

//
///////////////////

///\\\
/////\///\\\\\\\\\\\\\\\\\\\\\\\\\\\\\
\\

///

3. MARCHA

CENÁRIO: uma campa, sem nada à vista – nem nome escrito, nem enfeites, nem cruzes: só o granito quente, exposto:

[   ]

Sentados na campa, suados: mezzosoprano e barítono

MEZZOSOPRANO (sem voz) e BARÍTONO: – Não encontramos nosso andar, nosso andar, nosso andar, nosso andar, nosso andar, nosso andar, nosso andar, nosso andar, nosso andar, nosso andar, nosso andar, nosso andar, nosso andar, nosso andar, nosso andar, nosso andar, nosso andar, nosso andar

4. CANÇÃO

CENÁRIO: uma colina no campo-santo:

                                                  7

                                     6

                            5

                    4

            3

      2

1

Imóvel como uma estátua sob uma árvore florida: barítono

BARÍTONO: (imitando o som de uma enxurrada de ossos enchendo uma sepultura vazia):

\\   ////////////
///
///
///
///
///
///
///
///
///
///
///
///
///

5. HINO À MORTE

CENÁRIO: um túmulo (antigo, sem flores) como um berço sem colchão:

[   ]
[   ]

Circundando lentamente o berço de ferro: barítono

BARÍTONO (sem voz): (imita o miado de uma gata parda famélica que acabou de dar cria)

---

6. FINALE

CENÁRIO: O CÉU AZUL, SEM NUVENS

Um alto portão de ferro aberto: não se percebe vivalma

R-e-t-ó-r-i-c-a
OPERETA EM UM ATO

PERSONAGENS: ARISTÓTELES, um tanto falto de memória, carcomido;
UMA MULHER MEIO ÍNDIA, indefinida.

CENÁRIO: Um Museu Antropológico, um "Musée Mécanique" e uma das últimas Bienais de São Paulo – três coisas numa só. A audiência passeará por entre vitrines. Urnas funerárias atrás dos vidros. Animais empalhados (falsos) generosamente espalhados: mamíferos e pássaros sul-americanos. Cortinas cerradas aqui e ali: persianas descidas – deixam entrever vultos, figuras humanas "fora de época" que se movem ou meditam ou se coçam. COR: UM ACINZENTADO GENERALIZADO.

– CENA 1 –

FIGURA FEMININA ATRÁS DE UMA PERSIANA DESCIDA ("gaguejando"):

Ou seja.

Isto é.

Ou.

Ou seja.

(A FIGURA – uma mulher, só agora visível: a persiana se recolheu enlouquecida, impaciente – MOVE-SE COM CUIDADO SOBRE PEDRAS, FAZENDO GRANDE RUÍDO (som amplificado de pés pisando pedras lavadas e soltas)):

Ou seja.

Isto é.

Ou seja –

ou seja.

Isto é.

Isto é.

SEGUNDA FIGURA (ESTA, ANDRÓGINA) ATRÁS DE OUTRA PERSIANA DESCIDA (também "gaguejando"):

Ou seja.

Ou seja

– ou seja;

isto é.

(UMA TERCEIRA FIGURA – um velho, na verdade Aristóteles – OLHA PARA CIMA ENQUANTO AS PERSIANAS QUE O OCULTAM SE TORNAM QUASE TRANSPARENTES – riscos afiados cortam a luminosidade.)

UM RÁDIO (numa estante) TRANSMITE UM LONGO RUÍDO: UMA PORTA QUE SE ABRE SECA, DIFÍCIL, PESADA.

DE NOVO A FIGURA ANDRÓGINA (Tirésias?) ATRÁS DA PER-
SIANA DESCIDA ATÉ O PISO – ela não mais tartamudeia: fala
agora como se estivesse lendo UM POEMA IMPRESSO:
Carcaças de aço por cima do nosso muro
como gargalhadas – abrem-se:
dentes tétricos e afilados em meio a sombras de
fios elétricos.

VOZ NO AR SEM ORIGEM DEFINIDA, ENTRE HUMANA E
DESUMANA:
Huummmm –
um...

ATRÁS DE UMA PERSIANA VÊ-SE UMA FOLHAGEM; DEPOIS
UMA ESCADARIA – enquanto a persiana sobe molemente, dois
pés descem os primeiros degraus; logo se detêm: PÉS E CANE-
LAS DE ARISTÓTELES.

GRUDADO NUM DOS VIDROS – DO LADO DE FORA DA VI-
TRINE – UM DESPERTADOR REDONDO QUE SE ASSEMELHA A
(OU QUASE É) UM ROSTO DE CRIANÇA: toca ruidosamente até
cansar.

A MULHER, depois de se apossar de um saco de plástico va-
zio, começa a percorrer velozmente algumas vitrines: procura
algo dentro das urnas funerárias. À medida que ela vai se deslo-
cando, novos despertadores se põem a tocar: atrás dos vidros. A
mulher às vezes se detém, olha para cima, estende a mão; depois
passa os dedos pela testa.

99

ARISTÓTELES (descendo a escadaria e gracejando):
Quem é essa criança
que me tira o sono?

A MULHER (enigmática):
É só um relógio velho
de enfeite numa vitrine de shopping center
em Belém.

ARISTÓTELES (aturdido, olhando para um grande despertador ali perto):
Chora...
Temerosa da nossa antigüidade...
Talvez.

A MULHER:
Na verdade,
é como relógio,
nesta hora, sempre chora:
desperta.

(OS RELÓGIOS SE CALAM.)

ARISTÓTELES SE ENCOSTA NUM QUADRÚPEDE EMPALHADO:
É o seu filho, não é?

A MULHER (estremecendo):
O meu filho?

SUBITAMENTE, COMO NUMA COMPOSIÇÃO MUSICAL DE JOHN CAGE – cf. *Imaginary Landescape No. 4*, for 12 radios – VÁRIOS RÁDIOS, INCLUSVE UM RÁDIO-RELÓGIO, COMEÇAM A FUNCIONAR: ouvem-se trechos de músicas, de falas, de gritos esportivos ou primordiais...

(DE REPENTE, O SILÊNCIO.)

A MULHER (arranca os ponteiros de um relógio como se arrancasse raízes secas ou ervas daninhas – o relógio desperta, depois pára):
Se se chateia,
chora horas,
horas...
Horas!

ARISTÓTELES (olhando para um despertador qualquer, embaraça-se nas palavras):
Mas.
Isto é.
Fa-fa-fa-fa-fa!
Ou seja:
pa-pa-pa-pa-pa-pa!

A MULHER (movendo nos dedos os dois ponteiros do despertador):
Pirralho!

ARISTÓTELES (ansioso):
Persuadir...

... dir...
Dir-me!...
Não!

A MULHER (enfática):
Dentes!
Por mais que eu ralhasse,
ralhasse,
e ralhasse de novo:
via os seus dentes arreganhados.

ARISTÓTELES (coçando a cabeça aturdido, mas falante):
Muito pouco
se vê daqui:
...

(ESCURECE DE REPENTE.)

A MULHER:
Se eu sei
o que houve
com ele!

(SOM RUIDOSO DE UM MOTOR QUE ACELERA; DEPOIS PÁRA.)

– CENA 2 –

ARISTÓTELES (pondo uns óculos que encontrou por acaso no bolso do paletó):
Era o que faltava!

(LUZ; CLARIDADE DE UM FINAL DE TARDE FRESCO; DO-MINGO DE CÉU CLARO NO SUL DO BRASIL.)

A MULHER (respira fundo, olha ao redor de si. Depois caminha COM RESOLUÇÃO para a vitrine de Aristóteles, mas um vidro a detém – estão em vitrines contíguas, mas "INCOMUNI-CÁVEIS"):
Ei, por onde foi
que o meu Aristóteles...?
Por aí, por onde?!
Todo esse tempo?!
Onde? Por onde?
Fale logo, fale
duma vez, fale, vamos ouvir o Aristóteles!

(A PARTIR DAQUI OS DOIS NÃO MAIS TROCARÃO OLHA-RES DURANTE O SEU ESTRANHO DIÁLOGO...)

ARISTÓTELES (olhando também ao redor de si):
Uma pérola!

A MULHER:
Um choro: começou com choro.

Era de noite. Então eu o pus pra fora...
Já não podia com aquilo...
A raposa veio e o levou embora!

ARISTÓTELES (divagando, sorri tolamente):
O princípio...?
Do que é próprio para...?
Persuadir?

A MULHER:
Sei que passou
pelas mãos de duas –
a raposa que o levou
e a anta que o adotou.

(A LUZ SE TORNA MAIS INTENSA: MATINAL; um pássaro canta num galho nu; vozes anônimas chegam de muito longe; alguém invisível, oculto atrás de uma persiana descida, bate num vidro, depois pára.)

ARISTÓTELES:
No escuro...

A MULHER (divagando):
Ele ainda lá fora, mas...
Mas eu ia já chamar: – Aristóteles!

ARISTÓTELES (sem palavras):

A...?
A...?

A MULHER (desvairada):
Aristóteles!

(A mulher tenta avançar uns passos na direção de Aristóteles, mas reencontra a parede de vidro. A PARTIR DAQUI OS DOIS PERSONAGENS PERCORRERÃO A ESMO AS VITRINES. Não se tocarão e, como já sabemos, tampouco se encararão.)

(A LUZ FICA CINZENTA; céu nublado, sol anêmico.)

ARISTÓTELES (tranqüilo, acariciando um quadrúpede):
Dia claro...
A raposa
expirou?
Vejo a anta:
do meu lado.

(LUZ CLARA, CÁLIDA; ARAGEM FRESCA.)

A MULHER (com o rosto meio colado num vidro):
Sei que tem alguém aí:
Aristóteles!
O meu reflexo feito em pedaços!

ARISTÓTELES (com um despertador na mão, pondera):
Bem criado,
isso fui.

(LUZ ANÊMICA: NOITE; holofote enfraquecido.)

A MULHER (semicerrando os olhos (examina algo que a in-
triga)):
Aristóteles: tire já!
Esses carrapatos aí no seu corpo!
Tire já!

ARISTÓTELES:
São enfeites,
pérolas:
que a anta me deu.
Veja!

(LUZ MATINAL CLARA; um pássaro canta longe; gotas
caem num plástico, param. Um grito humano vem da praia
próxima.)

A MULHER:
São carrapatos!
Tomaram conta da sua cabeça,
Aristóteles!

ARISTÓTELES (agachado diante de um mamífero empalhado
e falando para ele):
Daquele lado não falam

como eu e a senhora.
Não falam...

A MULHER:
Se topo um carrapato,
espremo, mato!

(LUZ VESPERTINA, FRIA, ENCARAMUJADA NUM BECO DE
PAREDES FECHADAS.)

ARISTÓTELES (em pé):
Sou o filho!

A MULHER:
Aristóteles,
vá se lavar, meu filho!
Livre-se desses carrapatos!

ARISTÓTELES (convicto, trêmulo):
Não brinco! Sou o filho!
Da anta e do meu pai!

A MULHER (penalizada):
Ô, meu neto!
Livre-se deles!
Os carrapatos!

ARISTÓTELES (infantil):
Não!

(ESCURECE; atrás de uma persiana descida, uma ESCADARIA ILUMINADA.) (Luminosidade vaga.)

– CENA 3 –

(Luz cinzenta; ARAGEM FRESCA: cinco da tarde, primavera no Sul.)

(A MULHER SE TRANSFORMA NUMA BONECA (aparência: anos 1950); a boneca surge atrás de um guichê onde se lê, por cima do seu penteado: "PREDIÇÕES".)

ARISTÓTELES:
Tudo isso
sucedeu...
Sucedeu?

A MULHER (voz gravada):
É sabido!

(LUZ CINZA. AR MOLHADO. CHUVA FINA BATENDO NUMA RAMAGEM, NUM TELHADO: persianas desabam...)

É sabido!

ARISTÓTELES (agitado):
Isto é!
Ou seja!

A MULHER (voz gravada):
A anta pariu!

(LUZ MATINAL, VIVA E CÁLIDA. VÔO PRÓXIMO E RUIDO-
SO DE GAIVOTAS.)

(Tosse. A voz gravada prossegue:)
Recebi o meu neto
imundo...
Fui lavar aquilo na água do rio.

(LUZ MATINAL. PRIMAVERA. SEM VENTO. UM PÁSSARO
GRITA E VOA.)

ARISTÓTELES (recobrando algo):
Pariu!

A MULHER (voz gravada):
E no rio, foi que vi:
não era um neto,
era um –
VENENO!

(ALGUM ANIMAL, VAGAMENTE SEMELHANTE A UMA
ANTA, É *PROJETADO* NUMA DAS VITRINES. ELE CHEIRA O SOLO
durante alguns minutos. Noutra vitrine aparece um gato vivo e
pacífico, e permanece ali.)

(LUZ QUASE ARDENTE. Tarde de sol.)

ARISTÓTELES (perplexo):
Apático na corrente...
Eu asfixiava
os peixes?...

A MULHER (voz gravada):
Juntei o que tinha,
era bastante.

(ESCURECE DE SÚBITO, vento frio. Alguma claridade atravessa as persianas descidas. O mar deitado de bruços volta a si molemente na praia, calado.)

ARISTÓTELES:
O vento me veste
meias geladas.

(Barulho de trovão. A chuva cai abundante: ou seja, as persianas descem. Uma vitrine fica aberta. NESSA VITRINE, UMA URNA FUNERÁRIA TRÊMULA... que aos poucos se transforma numa mancha úmida na parede do fundo.)

A MULHER (invisível, voz gravada):
Os tios se fartaram
de anta, de pescado.
Se dizem cheios.

ARISTÓTELES (invisível):
Ô!

– CENA FINAL –

A URNA (voz débil, depois forte e multiplicada, como numa composição de Stockhausen – cf. *Gesang der Jünglinge*):

Isto é.

Isto é...

É bem isso,

é bem isso,

ou seja:

é bem isso...

Isso, isso!

O Buraco
BALÉ

PERSONAGEM ÚNICA: MULHER MAGRA; característica marcante: pele muito seca e enrugada.

CENÁRIO: COR CINZENTA. Alguns pontos de BRILHO (prata), aqui e ali... Musgos sob camada de verniz. Uma LONGA FAIXA (estirada no chão molhado): aparência geral de churrasco frio. AO LADO DELA, TAMBÉM NO CHÃO, UMA MULHER DEITADA NUMA POSIÇÃO RÍGIDA (vagamente lembra um MENINO JESUS ainda bebê) – pernas e braços erguidos. No seu corpo se enrola discretamente um pedaço de trepadeira verde.

Olhando melhor, a mulher parece um mero tronco desprendido de uma árvore apodrecida. Ou, para ser mais preciso: a mulher parece um corpo que (há séculos) foi lançado num buraco e que, desde então, ficou preso numa árvore, a qual, agora, apodreceu e veio abaixo.

Aos poucos, com extraordinária lentidão, a mulher MOVERÁ os membros enrijecidos. A seguir ela se arrastará ao longo da faixa, ora "descendo", ora "subindo"; e, à medida que for adquirindo vivacidade, também exibirá uma consistência mais quebradiça.

A mulher murmurará COISAS para si mesma, sem pronunciar jamais palavras audíveis; o ECO (uma voz masculina), porém, responderá imediatamente, ampliando o alcance do monólogo de modo assustador.

Percebe-se que a cena se passa no interior de um buraco profundo, criado por um fragmento de astro que caiu ali há pelo menos 18.000 anos (época em que a América começou a ser povoada).

O público ficará à esquerda e à direita da mulher "mumificada", em nichos escavados na parede escura e úmida.

* * *

ECO:

Se me mexo?

(PAUSA)

ECO:

Olhar para cima? Cai-me o fundo. Olhar para baixo? Cai-me o teto. Não sei mais como...

(PAUSA)

ECO:

Me vou às vezes de costas, descendo, as sandálias na mão, me ouço acompanhada: um ruído contínuo ao meu lado – sempre à beira do...

(PAUSA)

ECO:

Mais frio, mais úmido, mais...

(PAUSA)

ECO:

Enfrento às vezes as rochas ingratas puxando o que lançarei no buraco...

(PAUSA)

ECO:

Sobem agora farelos do corpo celeste que afundou aqui; e que se perdeu, minha vista não o alcança mais – sobem esses farelos, que alimentam as aves.

(PAUSA)

ECO:

Vejo daqui uma alma, a cabeça é um olho enorme e sujo que me olha sem piscar – e se enfia num beco.

(PAUSA)

ECO:

Prossigo, es... correndo; coça-me a nuca; a minha sombra, lerda, cruza os braços. Mais velha do que eu.

(PAUSA)

ECO:

Um imenso botão na moita úmida, lá em cima; o amarelo me cega: é uma boca que fala as rugas que a circundam, rugas acesas como raios de sol.

(PAUSA)

ECO:

Os meus dedos estão longe, na praia só deles, e brincam sem pés nem mãos, emergindo da areia mole.

(PAUSA)

ECO:

A pequena multidão de dedos incertos se aproxima multiplicando-se na umidade.

(PAUSA)

ECO:

Se me arrasto de costas na pedra, escorrendo entre os meus dedos – puxo a perna, ossos desencontrados: a praia já vazia – o ar me mumifica, e um dia...

(PAUSA)

ECO:

Um corpo achatado como uma paletó despido, à beira do...

(PAUSA)

ECO:

Uma ponte de ossos une dois membros separados pelo líquido choco, calmo.

(PAUSA)

ECO:

Os poros da pele são conchas, as manchas na pele, conchas ainda maiores.

(PAUSA)

ECO:

A alma zumbe quase colada à pele, belisca o ar como um treino.

(PAUSA)

ECO:

Uns dedos altos se recreiam jogando e aparando as unhas.

(PAUSA)

ECO:

Asas que se batem, outras que cortam o ar: cruzam-se como pedaços soltos, restos da carniça que os olhos percebem abaixo, acima, ao meu lado.

(PAUSA)

[Pela primeira vez, desde que iniciou a ação, a mulher – ex-"mumificada" – se estira completamente ao lado da FAIXA.]

ECO:
Uma família se retira: a filha na frente, no meio o pai, quase cai, atrás o filho, todos à beira do... – cruzam-se com várias costas dobradas, pequenas, os pés imersos no vapor do escuro.
(PAUSA)
ECO:
O vapor elástico se adensa, vindo e indo.
(PAUSA)
ECO:
Aves correm para a água – voam sobre o buraco, suas asas são rastros de braçadas fortes e certeiras nas ondas.
(PAUSA)
ECO:
Emaranhado de linhas úmidas gruda na pedra – as linhas secam, a pedra amolece: um sol fraco, a sombra passa e atropela o buraco.
(PAUSA)
ECO:
Um plástico amarrotado se enterra como um osso transparente, um órgão interno – o vento úmido cobre-o com água, sem enchê-lo: um plástico vago e duro, no aguardo de um brilho.
(PAUSA)
ECO:
O buraco vacila, antes frio, agora morno – puxa-se, recolhe-se como uma barriga sem pele, só água, vapor, umidade, cir-

cunda-se de bigodes ondulados que se renovam – a maquila-
gem sempre fresca.

(PAUSA)

ECO:

Uma ave magra esticada no ar entorta – como se o pé lhe
faltasse: vôo descendo degraus imprevistos.

(PAUSA)

ECO:

Os galhos em pé não se agitam, se afastam na orla fina do
buraco: fios soltos.

(PAUSA)

ECO:

O vapor enrugado se expõe – enquanto duas almas fechadas
se vão, encolhidas – algo brilha nas pedras afastadas: aglomera-
do de faíscas desmontadas.

(PAUSA)

ECO:

Areia de caixote, umidade de aguaceiro; nenhum vegetal: –
o sereno toca o chão ao redor da quietude.

(PAUSA)

[A partir daqui, várias vozes gravadas – ou a própria voz gra-
vada da mulher deitada, falando de diferentes lugares – se ouvi-
rão no "buraco", como se os diferentes órgãos e as diferentes
partes do corpo da bailarina começassem agora a se manifestar
com absoluta independência: ou seja, a "múmia", ao reanimar-
se, se esfarela de vez como o astro se esfarelou 18.000 anos atrás.
Essas vozes múltiplas dialogarão com o GRANDE ECO.]

VOZ 1:

Um bicho duro retém sua carga: nada no vento...

ECO:

Bicho duro: nada ele puxa...

(PAUSA)

VOZ 2:

Uma sombra curva entorta...

ECO:

...torta...

(PAUSA)

VOZ 3:

Balança como canoa: um órgão cheio de alimentos – barco pesqueiro no buraco antes da chuva fria; restos se alçam na orla.

ECO:

Hum... ah... hum... órgão... ah... pés... ah... bu... tormenta... or... úmido... super...

(PAUSA)

VOZ 4:

O buraco é raso: só um olho cheio.

ECO:

...ura... eee... do... como ...que... olho... chei...

(PAUSA)

VOZ 5:

Um sapato grande e furado se contorce: é nuvem crescendo num arbusto – foge o vento.

ECO:

Um osso verde é um rastro na areia fofa.

(PAUSA)

VOZ 6:

Linhas longas – ou dois rastros lado a lado: órgãos puxados, buscando o fundo, fugindo dele e circundando-o.

ECO:

Uma pedra sentada: um joelho ensolarado, úmido.

(PAUSA)

VOZ 7:

O pé não afunda – sorve o úmido que some, resta um arco ao redor de um dedo.

ECO:

O pé úmido afunda como numa onda de suor.

(PAUSA)

VOZ 8:

Os dedos do pé largam o osso translúcido perto de um saco preto – buraco rodeado de pés que esperneiam e pisam o ar.

ECO:

Um copo de plástico como um órgão ou uma tripa seca aguarda vazio no chão o chute dos dedos com unhas calçadas de luvas de areia.

(PAUSA)

VOZ 9:

Como um pino expelido de um osso partido o avião passa vagaroso dentro da luz – abre-se a cauda como um braço eriçado de pêlos claros, mas se fecha no escuro.

ECO:

A canoa encosta o queixo na borda do saco preto – madeira escura, raiz de dente sem dente; pacífica, a gengiva é fofa.

(PAUSA)

VOZ 10:

N-no canto do olho...

ECO:

...fumo, queimadura na...

VOZ 11:

...lín... gua!

VOZ 12:

...riso amarelo...

ECO:

...elo...

VOZ 13:

...sim...

ECO:

...não...

VOZ 14:

O chifre queimado se derrete rapidamente.

ECO:

Ossos de pernas em pé na saliva – que é sugada, resta a língua de areia: manchada, vazia.

(PAUSA)

[A partir daqui, as várias vozes e o ECO soarão quase simultaneamente, criando uma confusão crescente que redundará num RUÍDO "inumano".]

VOZ 15:

O fim de tarde de uma alma com fome.

VOZ 16:

É o início de uma caminhada sobre a gosma móvel e parada, imóvel e desatada.

ECO:

É o início do vôo paralisado ou paradisíaco.

VOZ 17:

É o início do debate – a mão seca enxota várias vezes um vegetal aberto.

VOZ 18:

Uma pedra atirada onde se tropeça.

ECO:

É a areia enrugada e marcada de furos, de picadas.

VOZ 19:

É uma coceira.

VOZ 20:

É a umidade que desenha costelas secas, descarnadas, à beira do...

VOZ 21:

Um buraco nas nuvens: os pêlos do sol pousam como pêlos de gato numa ilha de óleo.

ECO:

Suga-se a boca ou um olho ou um ouvido.

VOZ 22:

Nenhum pé Nenhum peso Nenhum pé Nenhum

ECO:

Nada!

CORO (ensurdecedor e fugaz: as vozes e o eco em uníssono):

Ppppppppppppppppppppppppppppppppppppppp!

As Costas de...

PANTOMIMA

PERSONAGEM ÚNICO: UMA SEREIA

CENÁRIO: O FUNDO DO MAR – uma embarcação naufragada: da qual se vê, nesta ordem, 1) um banheiro: pia e box de vidro (ou banheira atrás de cortina transparente); 2) uma escadaria; 3) um salão de paredes envidraçadas.

(No primeiro e no segundo atos, a audiência – um público pequeno – só terá acesso AO FUNDO DO MAR indiretamente. Ou seja, através de monitores localizados numa sala apertada, representando um submarino muito antigo; todas as cenas assistidas pelo público ali confinado estarão sendo filmadas nesse momento num lugar próximo, porém mais "subterrâneo": uma velha embarcação NO FUNDO DO MAR, o lar (*sic*) da sereia.

No terceiro e último ato, a audiência finalmente irá ao FUNDO e verá a sereia ao vivo, como num espetáculo teatral.)

Alguns SONS que se ouvirão nos três atos, além do eloqüente silêncio: (constituindo ou não uma miscelânea sonora)

— alarme tocando: bem longe

— ondas se contorcendo numa baía

— sacos de plástico sendo enchidos ou dobrados vazios, num cômodo qualquer...

— cascata de palavras e risos (sem música) (como) num pub londrino, numa sexta-feira à tarde

— trovoada (no Continente brasileiro)

PRIMEIRO ATO (ERÓTICO (*sic*))

PRIMEIRA AÇÃO (à noite, após o jantar):

A sereia, USANDO BLUSA SOLTA E CALÇA JUSTA, abre a torneira da pia do banheiro, mas a água não jorra

(PAUSA TENSA)

(BLACK-OUT)

A sereia (agora muito séria) abre um saco de pano, pousando-o no piso do banheiro: de cócoras, depois de puxá-lo para o meio de suas pernas, ela retira dele um sapato masculino avantajado e o examina demoradamente; depois o enfia de volta no saco, de onde retira uma camisa preta masculina bastante amassada; é com visível desgosto que estica o braço na direção do cesto de roupa suja, uma barrica oculta no armário da pia, e lança nele a camisa – gesto decidido

A sereia se ergue e pára diante do espelho, pensativa – o espelho "reflete" um desenho, tal como descrito a seguir: um mar de riscos e, no mar, ao fundo, um barco a vela; uma moça em primeiro plano com cauda de peixe e estrelas no cabelo longo, sentada numa ilhota com as mãos nas costas, sem olhos, nariz, lábios, orelhas...

A sereia se agacha de novo e se dobra mais uma vez sobre o saco pousado no chão, arrastando-o para o meio de suas pernas a fim de enfiar nele uma calça amassada (que pulou misteriosamente para fora do cesto de roupa suja); ela puxa depois com força o cordão da boca do saco e fecha-o, intransigentemente

A sereia molda o saco até obter um bolo redondo e, sem hesitar, o oculta sob a blusa, na altura da barriga – faz isso erguendo-se lentamente e procurando com olhos inquietos algo no piso imundo: percebe então um cinto masculino que saltou misteriosamente para fora de uma das gavetas do armário da pia; logo se agacha, apossa-se dele e se ergue SORRIDENTE, passando o cinto em volta da "barriga" e afivelando-o sob a blusa; depois ajeita a blusa, esticando-a para baixo enquanto se examina mais uma vez no espelho – dir-se-ia que ENGRAVIDOU ou que COMEU alguém (o próprio amante)

(BLACK-OUT)

Rígida diante do espelho, a sereia examina detidamente seu cabelo solto

Depois ela se vira, caminha para o box, entra nele e fecha a porta com cuidado atrás de si

Abre o registro na parede, mecanicamente

O jorro sobrevém: não um jorro de água, mas de vozes – uma alegre algazarra civilizada, festiva

1. A SEREIA EXPRESSA SENTIMENTO DE DESGOSTO POR MEIO DE GESTOS, estremece da cabeça aos pés e sai do box, sem entretanto fechar o registro

Após alguma hesitação, ela entra novamente no box, mas evita ficar sob o chuveiro seco

2. SEM PRONUNCIAR PALAVRAS AUDÍVEIS, ELA REVELA O QUANTO ESTÁ CONVENCIDA DE QUE TODA A SUJEIRA DEPOSITADA NO CANO DESCERÁ rapidamente, depois olha intrigada para o ralo; excitada, abre um pouco mais o registro: as vozes e os risos crescem, sem parar de jorrar...
A sereia começa a fechar o registro, mas logo afasta a mão dele, como se temesse levar um choque

3. SEM EMITIR PALAVRAS AUDÍVEIS, PERGUNTA-SE INCRÉDULA SE O CANO JÁ ESTARÁ LIMPO, olhando para o chuveiro e depois para o ralo; permanece de costas para a porta do box

4. FAZENDO GESTOS DE ENFADO, fecha completamente o registro e cala, assim, as vozes importunas que escorriam sobre sua cabeça

5. ATRAVÉS DE GESTOS, REVELA O QUANTO ESTÁ IRRITADA com a situação toda, mas não abandona o box

A sereia decide – desafiadora – abrir mais uma vez o registro, usando desta vez ambas as mãos: as vozes desabam pesadas, confusas, depois ficam mais claras e animadas

6. SEM MOVER UM MÚSCULO DA FACE, SÓ FAZENDO GESTOS, ELA CONCLUI QUE O CANO ESTÁ MAIS SUJO DO QUE SUPUNHA e sai do box, deixando aberto o registro

A sereia desafivela o cinto sob sua blusa, mas, depois de um segundo de hesitação, fecha-o de novo: permanece grávida ou digerindo o homem que engoliu

7. SEM EMITIR SONS, DIZ QUE É PRECISO DEIXAR A SUJEI-RA DESCER, assumindo um ar altivo diante da porta escancarada do box

A sereia volta para o box, fecha a porta e se enfia sob o chuveiro, que continua lançando fora o murmúrio de uma festa relativamente animada, sem música

8. COM GESTOS ENFÁTICOS, A SEREIA DEMONSTRA QUE DESEJARIA TOMAR UMA ATITUDE DRÁSTICA, sem precisar qual

A sereia olha para o chuveiro, mergulhada ainda nas vozes contentes que soam em meio ao ruído das taças que se chocam e dos talheres que riscam a louça dos pratos

9. ELA PEDE, CALADA, UMA EXPLICAÇÃO

A sereia fecha o registro e abre a porta do box, saindo dele; caminha até a pia, toma um spray de uma gaveta do armário e aplica sua espuma seca, em camadas grossas, no próprio rosto, embranquecendo-o e tornando-o maior, balofo – dir-se-ia que é o rosto de um náufrago (o amante?)

10. SEUS GESTOS EXPRESSAM PRAZER: goza o aroma da espuma, enquanto caminha para trás até bater as costas no box

A sereia entra no box e abre afoitamente o registro: o jorro de vozes é repentino e ensurdecedor, mas ela gira então o registro, até conseguir que pingue do chuveiro apenas um diálogo, ou uma sugestão de diálogo feito de interjeições, exclamações, onomatopéias, palavras soltas – um homem e uma mulher conversam intimamente

11. VISIVELMENTE FURIOSA, a sereia mantém a mão direita pousada no registro e a esquerda aberta sob o chuveiro, como se desejasse apanhar na palma uma sentença completa ou inteligível

12. SEUS GESTOS DENOTAM SÚBITO CANSAÇO. A sereia abandona mais uma vez o box, depois de fechar bem o registro

Parada do lado de fora do box, a sereia hesita, funga ou aperta o nariz, incomodada com o cheiro nauseabundo que penetra no recinto em ondas intermitentes

13. GESTICULA COMO ALGUÉM QUE ESTÁ PERDENDO O EQUILÍBRIO físico e mental

14. FECHA OS OLHOS, ESTREMECE TODA, MAS SE RECOMPÕE

A sereia passa ambas as mãos pela face, sem retirar, entretanto, toda a massa branca que a cobre

15. COM GESTOS, A SEREIA EXPRESSA O TEMOR DE QUE TODO O BANHEIRO AFUNDE NUM IMENSO BURACO; depois,

128

mais calma, se aproxima do espelho e se examina longamente nele, recobrando a tranqüilidade

16. SEUS GESTOS REVELAM QUE A SEDE AGORA ABRASA SUA GARGANTA

A sereia se afasta do espelho e olha para cima, examinando a lâmpada acesa no teto descascado

Ela estremece, enfia as mãos sob a blusa e desafivela o cinto, deixando sua barriga – um saco – cair no piso, entre seus pés afastados

Após breve pausa, a sereia se agacha, retira do saco a roupa do amante (*sic*), enrola-a no sapato do amante (*sic*) e, sem titubear, joga tudo no cesto de roupa suja

17. EXPRESSANDO primeiro FRUSTAÇÃO E depois IMPACIÊNCIA, ela esfrega fortemente no rosto uma toalha rasgada que retirou de uma das gavetas do armário

SEGUNDO ATO (MAIS ERÓTICO QUE O ANTERIOR (*sic*))

SEGUNDA AÇÃO:
A sereia, agora de cara limpa, aguarda em pé do lado de fora da porta do quarto, que lentamente fecha atrás de si, abafando os sons que lhe chegam pela fresta:
Mar violentando-se
Baleias rondando a casa como aviões militares
Sinos badalando
Choro e riso abafados

A sereia medita, afasta-se lentamente da porta e desce um lanço da velha escada; olha então para o salão iluminado, embaixo, sem expressar emoção

Fecha os olhos e, nesse momento, percebe novamente o som de uma festa sem música – agora no salão embaixo –, mas tudo emudece quando ela reabre os olhos

18. A SEREIA GESTICULA, GESTICULA, GESTICULA, gesticula, gest ...

Resoluta, ela desce a escada correndo – os monitores se apagam...

(BLACK-OUT)

...e o público fica no escuro ("se afoga"): imediatamente, portas se abrem para um jardim que circunda as paredes envidraçadas de um amplo salão: a sereia surge

1) INICIALMENTE, num telão (breve projeção que logo se apaga: desenho de criança (o mesmo do espelho), leve, grande, apenas esboçado: um mar de riscos e, no mar, ao fundo, um barco a vela; uma sereia em primeiro plano com estrelas no cabelo longo, sentada numa ilhota com as mãos nas costas, sem olhos, nariz, lábios, orelhas...) e,

2) DEPOIS, ao vivo, atrás dos vidros do salão, enquanto os náufragos (*sic*) caminham pelo jardim vagamente iluminado

TERCEIRO ATO (EXTREMAMENTE ERÓTICO (*sic*))

TERCEIRA AÇÃO (à noite, antes da ceia):

A sereia, visivelmente febril, aproxima-se de uma mesa e

permanece em pé atrás de uma das cadeiras: parece aguardar alguém que, a convite seu, virá se sentar ali – existem outras três cadeiras iguais, também vazias

A sereia empurra a cadeira de volta para seu lugar, desistindo de bancar a anfitriã

A sereia caminha em volta da mesa, parando brevemente atrás de cada uma das cadeiras, sem tocá-las. Enquanto faz esse giro, nada diz, apenas franze fortemente a boca

Ela puxa então uma das cadeiras com delicada hesitação, senta-se nela e apóia as costas no espaldar (a madeira estala), assumindo a postura rígida de uma boneca de museu de cera

Mas suspira...

(A audiência abandona o jardim, atraída por uma fosforescência misteriosa num corredor que se comunica com a rua, corredor que se assemelha estranhamente a um grande cano velho e sujo.)

Título	Alongamento
Autor	Sérgio Medeiros
Capa	Negrito Design
Ilustração da Capa	Sérgio Medeiros (Sem Título)
Editoração Eletrônica	Aline Sato
	Amanda E. de Almeida
Formato	14 x 21 cm
Tipologia	Minion
Papel de Miolo	Pólen Soft 80 g/m^2
Número de Páginas	136
Impressão	Lis Gráfica